Klimaneutral leben

*Wie Sie Ihren ökologischen Fußab-
druck reduzieren, nachhaltig Plastik
einsparen und Schritt für Schritt klimaneutraler leben*

Sandra Wallenstein

INHALT

Das erwartet Sie in diesem Buch zum klimaneutraleren Leben

Wussten Sie eigentlich, dass selbst unser täglich oft ausgeführtes Ausatmen CO_2 produziert?

Richtig gelesen, wenn wir atmen, verbraucht jeder von uns zwischen 168 und 2.040 Kilogramm CO_2 pro Jahr. In diesem ganzen Artikel ist mit der Ansprache jede lesende Person gemeint, egal, welcher Rasse,

Herkunft oder Geschlecht Sie angehören. Die Formulierung soll niemanden diskriminieren, sondern dient lediglich der besseren Lesbarkeit dieses Ratgebers.

Die genaue Menge des CO_2-Ausstoßes hängt von der Körpergröße, Körpermasse, Verfassung und von Tätigkeiten ab. Ein muskulöser Mensch verbraucht somit mehr CO_2 als ein Mensch mit weniger trainierten Muskeln. Wenn wir zum Beispiel auf dem Sofa liegen, verbrauchen wir auch weniger CO_2 als beim Joggen. Denken Sie nun nicht, Sie sparen CO_2 an einem Tag auf dem Sofa vor dem Fernseher: falsch. Wenn Sie den anschalten, sieht das schon wieder ganz anders aus. Und allen ist klar: Bis zu 2.040 Kilogramm CO_2 ist schon eine große Menge im Jahr, aber hierbei können wir wohl kaum daran sparen. Damit ist es aber umso mehr an der Reihe, in anderen Bereichen unseren CO_2-Ausstoß zu reduzieren und sich selbst zu fragen, was wir gegen den ständig präsenten Klimawandel unternehmen können. Fast täglich stehen in der Zeitung Artikel und Berichte oder hören wir im Radio über Themen, wie Deutschland die CO_2 Bilanz reduzieren sollte, bis wann wir welche Klimaziele erreichen müssen und welche Neuigkeiten die Bundesregierung beschlossen hat.

Aktuelle Neuigkeiten verraten auch klimafreund-
liche Maßnahmen, dass für die Gastronomie in einigen
Jahren das Angebot von Mehrwegprodukten herrscht
und zum Beispiel Plastiklöffel und Gefäße schon bald
nicht mehr gekauft werden dürfen oder können, man-
gels fehlender Produktion. Trotz der Corona-Pandemie
ist es auch wichtig, dieses Thema nicht aus den Augen
zu verlieren und sich immer wieder bewusst zu machen, was wir mit unserem täglichen Handeln auf die
Zeit gesehen anrichten. Wir alle wollen doch in einer
Welt leben, in der wir auch in 30 Jahren noch mit ru-
higem Gewissen, oder vielleicht auch wieder mit ruhi-
gerem Gewissen, bei einem Spaziergang durch die In-
nenstadt die Luft einatmen können. Aber wo bleiben
die Tipps für jeden einzelnen Bürger? Ist Ihnen bewusst, wie viel Plastik Sie jährlich verbrauchen? Und
noch viel wichtiger: Eine große Menge des Plastikmülls kann jeder bereits zu Hause reduzieren.

In diesem Buch erfahren Sie nicht nur, wie viel
Plastikmüll in Deutschland jedes Jahr verbraucht wird,
sondern auch, wie Sie zu einer Reduzierung des
Plastikmülls in Ihrem Leben und eigenen Haushalt
beitragen können. Lassen Sie sich darauf ein, lesen Sie
aufmerksam und fangen Sie an, bei sich selbst etwas zu
ändern, denn der Satz, „Was bringt es schon, wenn ich

Plastik spare, müssten doch erst die anderen damit anfangen", bringt nichts. Wenn Sie anfangen und anderen davon erzählen, setzen diese möglicherweise auch Maßnahmen um und berichten wieder anderen davon. Somit kann sich schneller als Sie denken eine Kette ergeben und immer mehr Menschen setzen Maßnahmen um, da Sie angefangen haben, diese in Ihrem Alltag umzusetzen.

Zahlen und Fakten: Wie viel Plastik verbrauchen wir und was passiert mit unserem Müll?

D ie Zahlen, wie viel <u>Plastikmüll</u> in Deutschland jährlich verbraucht wird, sind nur erschreckend und sollten jeden zum Nachdenken anregen. Jährlich werden durchschnittlich 11,8 Millionen Tonnen Plastik in Deutschland verbraucht.

Eine gewaltige Menge, zu der jeder von uns seinen Teil beiträgt. Wenn man diese Zahl nun auf einen Einwohner in Deutschland rechnet, verbraucht jeder mehr als 142 kg Plastik pro Jahr. Somit gibt es sicherlich Menschen, die weniger, aber auch welche, die mehr Plastikmüll im Jahr verbrauchen. Von diesen 142 kg im Jahr sind nur allein 38 kg Plastikverpackungsabfälle. Wenn man sich vor Augen führt, dass Plastikmüll nicht sehr viel wiegt, ist das schon eine enorme Menge, die jeder von uns jährlich verbraucht. Beängstigend ist dabei auch, dass zwischen 2005 und 2015 der Plastikverbrauch um 29 Prozent gestiegen ist. Die Menge des Plastikverbrauchs steigt mit wachsendem Wohlstand, denn je mehr die Leute sich leisten können, desto unwichtiger ist ihnen oftmals das Resultat aus ihren folgenden Handlungen. Dieses besagen Statistiken, aber es trifft sicherlich auch nicht auf jeden zu. Allein diese Menge an Plastikmüll, die wir jährlich verbrauchen, ist ein Grund, zu handeln und andere Schritt zu gehen, um unsere Umwelt damit nicht noch weiter zu belasten und die Meere zu verschmutzen.

Nun einmal einige Beispiele, welchen Plastikmüll wir überhaupt hinterlassen. Von den genannten 11,8 Millionen Tonnen Plastikmüll werden 2 Milliarden Plastiktüten pro Jahr verbraucht. Wobei die durchschnittliche Nutzungsdauer einer Plastiktüte sehr kurz ist, da diese im Durchschnitt gerade mal bei 25 Minuten liegt. Anschließend wandern die Tüten in den Mülleimer oder werden einfach in der Natur liegen gelassen. Sind die meisten Plastiktüten also notwendig, wenn die Nutzungsdauer so gering ist, oder lässt sich darauf auch verzichten und einiges an Müll im Jahr sparen?

Ebenso eine enorme Menge an Müll wird durch Einwegplastikbecher verursacht. Hierbei liegt der Verbrauch im Jahr bei 2 Milliarden Bechern. Dies entspricht auf eine Stunde gerechnet insgesamt 320.000 Coffee-to-go-Bechern. So viel in einer Stunde, was für eine Zahl. Weltweit werden pro Jahr ungefähr 16 Milliarden Coffee-to-go-Becher genutzt. Lässt sich das nicht ganz einfach vermeiden, indem jeder für seinen Kaffee den eigenen Thermobecher von zu Hause mitbringt und immer mitbringt? Eine viel erschreckendere Zahl erscheint aber bei dem Verkauf von Getränkeflaschen, welche aus Plastik bestehen. Nehmen wir an, die Zeit, die Sie allein benötigen, um diese kommenden zwei Sätze zu lesen, beträgt eine Minute. Je nachdem, wie schnelle Sie lesen, könnte das ziemlich gut passen.

Allein in dieser einen Minute werden in Deutschland 1 Million Getränkeflaschen aus Plastik verkauft.

Wahnsinn! Überlegen Sie sich nun einmal, wie viel das in der Stunde, am Tag und dann im Jahr ist. Kann man da nichts gegen unternehmen? Das wäre eine berechtigte Frage, wenn Sie sich diese nun stellen. Und ja, dieses ist ein sehr wichtiger und auch leicht umzusetzender Aspekt, der dazu beiträgt, weniger Plastikhülle zu verbrauchen. Dazu folgen die genaueren Informationen noch. Bis vor einem Jahr wurden jährlich außerdem 26,4 Milliarden Einwegstrohhalme aus Plastik verbraucht. Auch diese Zahl ist enorm hoch und lässt sich ganz einfach durch Alternativen ersetzen. Bei dieser Zahl ist aber von einem deutlichen Rückgang auszugehen, da die Bundesregierung die Herstellung ab dem Sommer 2021 verbieten will.

Nun zurück zu unserem Umgang mit Plastik und dem jährlichen Verbrauch. Die Tatsache, wie viel Plastik in welchen unterschiedlichen Bereichen wir verbrauchen, ist schon erschreckend genug. Nun stellt sich sehr schnell die Frage, was mit dem Plastikmüll nach unserem Gebrauch passiert. Viele Menschen sind sicherlich umweltbewusst und schmeißen ihren Müll in die eigene Mülltonne oder öffentliche Mülleimer. In Deutschland klappt die Entsorgung auch sehr gut im Vergleich zu anderen Ländern. Sie kennen sicherlich das Bild von Müll-überfluteten Meeren, oder?

Grauenhaft, scheußlich, beängstigend, ekelig, unbewusst, dumm, blöd, unnötig und wieso machen Menschen so etwas? Alles Aussagen und Fragen, die einem bei den Bildern durch den Kopf gehen können.

Und noch viel erschreckender ist nun die Menge des Mülls im Meer. Die gesamte Menge an Plastikmüll im Meer wird auf 86 Millionen Tonnen geschätzt. Wenn wir uns überlegen, dass unser Plastikmüll Verbrauch im Jahr bei 11,8 Millionen Tonnen liegt, lässt sich daraus ziemlich schnell errechnen, dass nur die Deutschen etwas mehr als sieben Jahre ihren kompletten Müll in das Meer schütten müssten, um auf diese Zahl zu kommen. 0,5 % des Mülls schwimmen davon nur auf der Meeresoberfläche und sind hin und wieder für uns Menschen sichtbar. 39 % sind bereits in den Wassersäulen oder den Tiefen des Meeres zu finden. Der Rest des Mülls ist auf den Küsten und Meeresboden bzw. Küstengewässern wiederzufinden. Der Lebensraum vieler Tiere ist somit ziemlich beschädigt und wird immer weiter vermüllt. Jährlich kommen rund 10 Millionen weitere Tonnen Müll in die Meere der Welt. Von diesen 10 Millionen Tonnen sind ungefähr 75 % Kunststoff.

Eine absolut schreckliche Vorstellung, wie wir Menschen so etwas für andere Mitbewohner unseres wunderschönen Planeten Erde anrichten können. Hier stellt sich die Frage: Wer macht so etwas? Sicherlich wird man nie jede einzelne Person finden, die bereits Müll in die Meere geschmissen hat, aber laut Forschungen stammen insgesamt 82 Prozent des gesamten Plastikmülls in den Meeren auf der ganzen Welt aus asiatischen Ländern wie China, Indonesien, Indien, Thailand oder Vietnam. Erschreckend! Damit ist der Deutsche nun aber nicht raus, denn jeder sollte immer wieder an sich denken und selbst hinterfragen, wie viel Müll man selbst schon in die Meere geworfen hat, auch wenn es nur war, da kein Mülleimer fußläufig erreichbar gewesen ist.

Erschreckend sind ebenso die Zahlen, wie lange der Müll im Meer braucht, um sich in Mikroplastik zu zersetzen. Bei Glasflaschen ist die Zeit noch unbestimmt, hingegen braucht eine Anglerschnur 600 Jahre, um sich zu zersetzen. Plastiktüten brauchen nur 20 Jahre und Styroporbecher und Dosen „nur" 50 Jahre. Einige Zeit länger brauchen Plastikflaschen, bis daraus kleinere und kaum sichtbare Plastikteilchen entstehen, vergehen insgesamt 450 Jahre, ebenso wie bei Windeln. Getränkedosen benötigen 200 Jahre bis zur Zersetzung. Kaum zu glauben, so lange braucht die Zersetzung und auch dann ist das Plastik nicht komplett aufgelöst. Also wieso machen wir Menschen so etwas? In der Natur richtete der Plastikmüll massive Schäden an, da er nicht biologisch abbaubar ist. Jedes Jahr sterben in etwa 1.000.000 Seevögel und 135.000 Meeressäuger durch den Kontakt mit unserem Plastikmüll, den wir in den Meeren hinterlassen. Allein schadet der Müll weit mehr als 600 marinen Lebewesen.

Und essen die Tiere auch versehentlich Plastikmüll? Davon ist nach Studien mit sehr hoher Wahrscheinlichkeit auszugehen. Als Beispiel dient dabei ein Eissturmvogel, welcher im Durchschnitt 34 Plastikteile im Magen hat, die 0,31 Gramm wiegen. Müll zu essen, ist nun keine sehr schöne Vorstellung.

Wir zerstören damit viel Lebensraum und sollten damit sofort aufhören, denn kaum einer würde es auch schön finden, wenn bei uns auf das Festland jedes Jahr 10 Millionen Tonnen Müll geschüttet würden.

Stellen Sie sich nur mal kurz folgendes Szenario vor: Sie gehen spazieren wie jeden Tag. Es fängt leicht an zu regnen und dann plötzlich ein interessanter und außergewöhnlicher Regentropfen. Es war eine Mülltonne, dann eine Cola-Dose und anschließend 10 Tüten, in denen noch ein Gummibärchen mit flauschigem Schimmelhaar zu finden war. Diese Vorstellung findet wohl keiner traumhaft. So sollten wir uns die Situation der Fische vorstellen: Von oben kommen unerwartete Sachen, die vor Jahren noch nicht da waren. Am Anfang sind sie noch neugierig, schwimmen um die neuen Produkte herum und ganz schnell passiert es, dass Sie sich verhaken und nicht mehr entkommen. Wir sollten somit aufhören, Müll in die Meere zu werfen und, wenn wir welchen sehen, der am Wasser liegt, aufheben und nicht weitergehen, als wäre nichts gewesen. Unternehmen Sie etwas dagegen, damit wir den Fischen im Meer wieder mehr Lebensqualität und Freude am Schwimmen durch ihr blaues Leben geben können.

Plastik zu sparen, beginnt zu Hause

Schauen Sie sich doch mal ganz in Ruhe zu Hause um und gehen Sie bewusst alle Gegenstände durch. Sicherlich fällt Ihnen hierbei auf, dass viele Produkte aus Plastik sind und die Materialien nicht sehr langlebig aussehen. Dieses Kapitel wird Ihnen viele Tipps und Anregungen geben, wie Sie in Ihrem eigenen Haushalt plastikfreier und nachhaltiger leben können. Dabei ist es wichtig, sich darauf einzulassen und nicht von Anfang an zu sagen, dass die Alternativen doch sicherlich eh nicht funktionieren und Sie bei dem Gewohnten bleiben.

Probieren Sie sich aus! Sie leisten damit einen großen Teil zum klimafreundlicheren Leben. Die Anregungen sind sicherlich nur der Anfang und noch längst nicht alles, nur gilt es hierbei, anzufangen und nicht zu warten, bis Sie für alles die perfekte Idee haben. Auch lassen sich manche Tipps über die Zeit und auch die Entwicklung der Politik und Möglichkeiten noch verbessern, aber besser heute anzufangen, als zu warten, bis vielleicht mal die leichteste Alternative kommt oder ein Patent-Rezept da ist.

Lassen Sie sich darauf ein, notieren Sie sich die Ideen und setzen Sie diese vor allem um. Nicht lange warten – einfach jetzt und gleich. Nach einiger Zeit werden die meisten Alternativen zur Selbstverständlichkeit und Sie werden sich immer wieder wundern, wieso Sie die Ideen nicht viel früher umgesetzt haben. Heute ist der Tag zum Handeln und nicht zum Aufschieben, also seien Sie gespannt und lassen Sie sich auf die Veränderungen ein. Auch, wenn manche Schritte nicht direkt am Anfang funktionieren, probieren Sie es immer wieder aus, geben Sie nicht auf und seien Sie vor allem offen für etwas Neues und für Veränderungen, die durch einen anderen Lebensstil entstehen.

WAS KAUFEN WIR EIN?

Fangen wir bei unserem regelmäßigen Einkauf im Supermarkt an und die erste Überlegung, wie wir überhaupt zum Supermarkt kommen. Ist der Supermarkt direkt um die Ecke bei Ihnen? Sie können sicherlich sehr oft zu Fuß oder mit dem Fahrrad zum Supermarkt fahren und müssen nicht aus Bequemlichkeit das Auto nutzen. Sich zu bewegen, ist zum einen sehr gesund und zum anderen sparen Sie Sprit und leisten somit einen Beitrag zum nachhaltigeren Leben. Das Klima wird es Ihnen sicherlich danken und die Generationen nach uns auch, denn wir wollen doch alle nicht, dass unsere Kinder, Nichten, Neffen und andere in einer Zeit leben werden, in der sie möglicherweise durch den so weit fortgeschrittenen Klimawandel einen Teil ihrer Grundrechte verlieren oder die Lebensqualität abnimmt.

Außerdem denken Sie vor dem Einkaufen daran, genug Jutebeutel, Rucksäcke oder Körbe mitzubringen, denn somit müssen Sie keine Plastik oder Papiertüten kaufen, sondern haben Ihre eigenen Verpackungsmöglichkeiten und Transportbeutel dabei.

Grundsätzlich ist es wichtig, wenn Sie einen klimafreundlicheren Lebensstil führen wollen und auch nachhaltiger einkaufen möchten, achten Sie darauf, so wenige Produkte wie möglich zu kaufen, die eine Plastikverpackung haben. An manchen Stellen ist das ziemlich einfach, da es viele qualitativ gleichwertige Produkte gibt, aber an anderen Stellen bedarf es dabei auch etwas Kreativität und möglicherweise dem Ändern mancher Angewohnheiten. Dabei wollen wir Ihnen hier helfen und Ihnen Schritt für Schritt ein plastikfreieres Einkaufen immer näherbringen. Alles beginnt aber damit, dass Sie sich bewusst machen, was Sie kaufen und welche Verpackung dahintersteht, denn oftmals wird einfach das in den Einkaufswagen gelegt, was schon immer gekauft wurde, und fertig ist der Einkauf. Wichtig ist allerdings, bewusst einzukaufen, denn dann können Sie immer mehr ohne Plastik einkaufen.

Beginnend bei der **Obst- und Gemüseabteilung**, lässt sich sehr schnell feststellen, dass wir hier sehr viel Plastik sparen können. Viele Sorten werden bereits ohne Plastikverpackungen angeboten und müssen anschließend auch nicht mehr in eine extra Plastiktüte gepackt werden, sondern können einfach in den Korb gelegt werden oder in eine mitgebrachte Gemüsedose. So kann an fast jedem Obst und Gemüse die Plastikverpackung weggelassen werden. Außerdem gibt es auch die Möglichkeit, Obst und Gemüse, ebenso ohne Verpackungen, auf dem Wochenmarkt zu kaufen, den es mindestens in jeder mittelgroßen Stadt gibt.

Der Vorteil am Wochenmarkt ist außerdem, dass die Produkte meistens regional gewachsen sind. Auch dieser Aspekt ist wichtig: Wieso muss ich Äpfel kaufen, die aus China kommen, oder Gurken aus Italien, wenn ich genauso gut die deutschen Sorten nehmen kann? Genauso tut es auch der Salat ohne Plastikverpackung und fertig geschnitten, denn so viel Zeit wird doch wohl sein, seinen eigenen Salat zu putzen und zu schneiden. Auch hierbei wird immer sehr viel Plastik verwendet. Je mehr Menschen regionale Produkte kaufen, desto weniger muss importiert werden und weniger Lkw oder andere Verkehrsmittel sind auf den Autobahnen oder Schienen unterwegs, was wiederum auch für die Umwelt sehr gut ist.

Weiter geht es bei unseren **Getränken**. Schauen wir uns einmal in der Getränkeabteilung um, stellt man schnell fest, dass viele Flaschen aus Plastik sind. Dabei ist sehr interessant zu wissen, dass laut Studien in Deutschland 1,9 Millionen Einweg-Plastikflaschen pro Stunde verbraucht werden, im Jahr entspricht das 16,6 Milliarden Flaschen. Somit ergeben sich durchschnittlich auf jeden Deutschen 200 Einweg-Flaschen. 480.000

Tonnen Rohöl und somit endliche Ressourcen werden jährlich für die Herstellung der Plastikflaschen verwendet, was ein sehr großer Nachteil an diesen Flaschen ist. Außerdem werden die Mehrwegflaschen um Längen nicht so weit transportiert, woraus auch eine höhere CO_2-Emission und eine stärkere Belastung des Klimas bei dem Kauf von Einweg-Plastikflaschen erfolgt.

Oft gibt es nicht regionale Säfte, wie von bekannteren Marken gar nicht in Mehrwegflaschen, sondern nur Einweg-Flaschen. Von dem Kauf ist an dieser Stelle grundsätzlich abzuraten, denn auch die regionalen Hersteller und Bauern zu unterstützen, ist lobenswert und wichtig und diese haben meistens auch Säfte in Glasflaschen. Daher empfiehlt sich hier die Verwendung von Glasflaschen und keine Einweg-Plastikflaschen oder Metalldosen zu kaufen.

Wenn Sie viel Wasser trinken, ob mit oder ohne Kohlensäure, können Sie dieses auch ganz einfach aus der Leitung zapfen und direkt trinken oder ggf. noch Kohlensäure hinzufügen. Wasser aus dem eigenen Wasserhahn zu trinken, ist nicht zur umweltfreundlicher, da immer weniger Wasser verkauft werden muss, je mehr Leute sich dafür entscheiden, sondern auch Ihr Geldbeutel wird entlastet. Schreiben Sie sich doch mal auf oder überschlagen Sie, wie viel Wasser Sie in der Woche brauchen, dann stellen Sie schnell fest, dass die Betriebskosten, welche Sie monatlich oder jährlich zahlen, um einiges günstiger sind, als jede Woche Wasser im Supermarkt zu kaufen.

Wenn Sie Sprudel im Wasser brauchen, lässt sich dieses auch durch verschiedene Geräte hinzufügen und sollte Ihr Wasser sehr kalkhaltig sein und Sie dieses eigentlich deshalb nicht zum Trinken nutzen wollen, entkalken Sie das Wasser ruhig. Auch diese einmalige Investition wird sich mit dem Kauf von Wasser nicht rechnen und Sie werden dabei Geld sparen.

Ein weiteres Getränk, welches sicherlich viele zu sich nehmen, ist **Milch**. In den wenigsten Supermärkten gibt es Milch ohne Tetra Pak. Manche Marken bieten sie allerdings bereits auch im Glas an. Je nachdem, wie viel Milch Sie kaufen, lohnt es sich auch hierbei, über die Marke nachzudenken. Außerhalb des Supermarktes gibt es auch die Möglichkeit, Milch in Unverpackt-Läden oder im Bioladen zu kaufen. Hier gibt es mehrere Marken, die Milch in Pfand-Glasflaschen anbieten. So zahlen Sie einmalig Geld für die Pfandflasche und können sich entweder immer wieder Milch in Ihre Flasche auffüllen lassen oder bringen Sie die leere Flasche gegen Erhalt des Pfandes in den Laden zurück und kaufen somit immer wieder erneut Milch in einer Glasflasche ein.

Eine weitere Möglichkeit, bei der Sie auch die Bauern Ihrer Region sehr gut unterstützen können, sind Milchtankstellen. Je nachdem, ob Sie eher ländlich oder in der Stadt wohnen, gibt es dabei verschiedene Möglichkeiten. Auf dem Land gibt es immer mehr Bauen, die sich eine Milchtankstelle auf Ihrem Hof hinstellen. Dort fahren Sie hin und kaufen sich einmalig Glasflaschen, in die Sie anschließend immer Milch füllen können. Selbstverständlich können Sie dafür auch eigene Flaschen oder andere Behälter mitbringen, solange diese unter die Zapfanlage für die Milch passen. Anschließend werfen Sie Geld in den Automaten und bekommen die entsprechende Menge Milch ausgeschenkt. Hierbei ist zu beachten, dass es sich um Rohmilch handelt, die nicht für den direkten Verzehr geeignet ist. Wegen der Bakterien muss diese vor dem Verzehr abgekocht werden. Die Milch kommt direkt von den Kühen und wurde vorher nicht pasteurisiert und homogenisiert wie die übliche Milch aus dem Supermarkt. In vielen Städten gibt es auch die immer wieder Milchtankstellen direkt vor Supermärkten oder anderen belebten Stellen. Mit dieser Möglichkeit unterstützen Sie zum einen die regionalen Bauern, zum anderen sparen Sie Verpackungsmüll und schonen auch meistens Ihren Geldbeutel. Erstaunlicherweise ist die Milch vom Bauern meistens günstiger als die Supermarkt-Milch. Hierbei kommt es aber auch auf den Geschmack an, ob Ihnen die Milch schmeckt. Die schmeckt nachweislich natürlicher und frischer als lang bearbeitete Milch aus Supermärkten, ganz gleich von welcher Marke sie ist.

Nun kommen wir zu einem weiteren, sehr großen Thema und auch Problem für das Klima: unser täglicher Fleischkonsum. Bei den meisten Menschen stehen jede Woche Fleisch und auch oft Fisch auf dem Speiseplan und sie sind aus vielen Köpfen auch nicht wegzudenken. Kaum jemandem wird entgangen sein, welche schädlichen Auswirkungen der Fleischkonsum auf die Umwelt und unser Klima hat. Grundsätzlich verursacht unsere Ernährung, egal, welche Produkte wir essen, Emissionen von Treibhausgasen. Zu Beginn werden unsere Lebensmittel angebaut, anschließen geerntet, dann in unsere Region transportiert, dort gelagert, ggf. noch weiterverarbeitet und danach an uns verkauft. Einige Produkte müssen nun bis zum Verzehr auch noch gekühlt werden, dann werden sie zubereitet und anschließend landet ein Teil wieder im Abfall.

Diese lange Kette an Ereignissen erzeugen Emissionen, von Produkt zu Produkt unterschiedlich viele.

Nach einer <u>WMF-Studie</u> sind 70 % der beschriebenen Treibhausgase auf tierische Produkte zurückzuführen. Im Durchschnitt verzehrt jeder Deutsche jährlich 60 kg Fleisch. 40,7 % CO_2 unseres Lebensmittelverbrauchs sind auf Fleisch- und Fleischerzeugnisse zurückzuführen. Würden man diesen Konsum also reduzieren und mehr Leute mindestens einmal die Woche vegetarisch essen, würde sich unsere durchschnittliche CO_2 Bilanz deutlich bessern. Und nun zu dem Fischkonsum:

Kennen Sie jemanden, der sagen würde, er mag das Meer nicht? Egal, in welchem Land, Urlaub am Meer, dem Rauschen des Meeres zuzuhören und sich einfach die Sonne auf die Stirn brutzeln zu lassen – für fast alle Menschen sicherlich ein Traum. Aber diese Art, etwas zu mögen, ist schon sehr komisch und regt zum Nachdenken an. Die Art und Weise, wie wir das Meer behandeln, ist schon sehr skurril. Egal, was wir hineinkippen oder herausholen – beides ist viel zu viel. In den Meeren liegt Unmengen an Müll, der vor sich hin treibt, und viele Fischarten sind dabei, auszusterben. Auch der allseits beliebte Thunfischbestand bricht immer mehr zusammen. Sie tun dem Meer, welches Sie sicherlich lieben, also keinen Gefallen, indem Sie Fisch essen, sondern nehmen nur das weg, was das Meer so sehr braucht. Und durch die leere Fischdose, die am Strand dann liegen bleibt und von der nächsten Welle weggespült wird, leisten Sie noch weniger einen positiven Beitrag für das Meer.

Wenn Sie nun gern Fisch essen und sich den nicht wegdenken können, achten Sie mal darauf, den Konsum zu reduzieren und durch Alternativen zu ersetzen und achten Sie vor allem auf das MSC-Siegel. Auch dieses Siegel hat sicherlich seine Nachteile, aber grundsätzlich zielt es darauf ab, eine nachhaltige Fischerei anzustreben. Der sogenannte MSC-Umweltstandard hat sich zum Ziel gesetzt, langfristig Fischbestände und den Lebensraum im Meer zu sichern.

Auch, wenn Sie sich jetzt denken: Auf mein Fleisch möchte ich aber nicht auch noch verzichten. Dafür möchte ich in diesem Teil keine Überzeugungsarbeit leisten, sondern wollte Ihnen diese Zahlen lediglich einmal vor Augen führen. Auch als Fleischkonsument gibt es beim Einkauf einige Aspekte zu beachten. Fleisch lässt sich problemlos an der Fleischtheke kaufen. Dieses hat zwei sehr große Vorteile, zum einen können Sie Ihre eigenen Dosen mitbringen oder bekommen das Fleisch zumindest nur in ganz dünnem

Papier eingepackt, wenn Sie keine Dose mitbringen, zum anderen ist das Fleisch oftmals aus einer deutlich besseren Haltung als aus dem Selbstbedienungsbereich des Supermarktes.

Die allerseits bekannte Einteilung in vier Haltungsformen steht bei dem Fleisch im Supermarkt immer auf den Verpackungen. In den meisten Fällen findet man allerdings im Supermarkt entweder Haltungsform eins oder Haltungsform vier. Wenn wir uns als Beispiel nun vorstellen, welche Bedingungen für ein Schwein gelten, lassen sich klare Unterschiede feststellen. Ein Schwein, egal, welche Größe es nun hat, bekommt bei Haltungsform eins im Stall eine Fläche von 0,75 m² und hat zusätzlich keine Möglichkeit, an die frische Luft zu kommen, sondern verbringt das gesamte Leben auf dieser kleinen Fläche. Hierbei lässt sich feststellen, dass es sich bei den Stufen wirklich lediglich um Haltungsformen und nicht um Tierwohlformen handelt, denn das Tierwohl ist hier wirklich stark zu bezweifeln. Erschreckenderweise kommen über die Hälfte aller Produkte in Deutschland aus Haltungsstufe 1. Haltungsform 2 und 3 sind hingegen nur bei ungefähr 13 % der Produkte vorzufinden. Wenn man die Fleischpreise in Deutschland mit anderen Ländern vergleicht oder auch mit dem Fleisch aus der

Region, lässt sich bei „Supermarkt-Billig-Fleisch" wirklich an der Qualität zweifeln.

Dazu sollten Sie sich auch immer wieder selbst fragen: Möchte ich unterstützen, dass Schweine jeden Tag ihres Lebens nur auf 0,75 m² verbringen und keinen Auslauf haben? Hierbei spielt unser eigenes Gewissen sicherlich auch eine nicht zu geringe Rolle. An der Theke ist oftmals auch nicht alles Fleisch aus der Haltungsstufe vier, da hier bei der Unterteilung in der Theke enorme Hygienevorschriften beachtet werden müssen. Trotzdem hat das Fleisch eine bessere Qualität und die Tiere haben ein besseres Leben gehabt, aber dabei lohnt es sich auch, im eigenen Supermarkt nachzufragen, wie die Tiere gelebt haben und Ihre Fragen zu stellen. Bei dem bewussten Kauf von Fleisch an der Theke und der entsprechenden Wahl der Haltungsform lässt sich nicht nur Plastik sparen, sondern auch das Tierwohl unterstützen.

Ebenso wie Fleisch lässt sich auch **Käse** an der Theke kaufen. Hierbei sparen Sie auch eine große Menge Plastikmüll, gerade dann, wenn Sie viel Käse verzehren. An den Käsetheken gibt es oftmals fast alle Sorten Käse, die es auch in der Selbstbedienung gibt. Hierbei ist nun mal der große Vorteil, dass Sie Ihre eigenen Dosen für den Käse mitbringen können und dieser nicht in Plastik eingepackt ist. Wenn Sie sich bewusst die Verpackungen von Käse im Supermarkt angucken, gibt es wohl kaum Käse, der ohne Plastik eingepackt ist. Dieses wäre an der Käsetheke definitiv anders. Außerdem ist der Käse von der Theke oft regional und kommt nicht aus ganz anderen Ecken Deutschlands. Auch bei der Wahl des Käses lohnt sich auf jeden Fall der Gang zum Wochenmarkt, denn besonders dort werden nur regionale Produkte und somit auch regionaler Käse angeboten. Sie können selbstverständlich auch bei den Bauern in Ihrer Gegend nachsehen, auch dort wird immer mal wieder Käse verkauft.

Eine weitere Kategorie sind sicherlich **Süßigkeiten.** Hierbei geht es auf keinen Fall darum, diese komplett wegzulassen, sondern eher bewusst zu schauen, welche Produkte es gibt und in welcher Verpackung diese eingepackt sind. Angefangen im Supermarkt gibt es zum Beispiel bei den Keksen immer wieder Sorten, die fast komplett in Papier eingepackt sind. Auch kommt es auf die Größe an, welche Sie kaufen möchten, denn manche Sorten gibt es in großer Menge in Papier verpackt und in kleiner Menge nur in Plastik. Wenn Sie die Kekse immer wieder schließen, hält sich auch eine große Packung sehr lange und wird nicht sofort trocken oder ungenießbar. Auch Gummibärchen lassen sich in großen Packungen oder teilweise in Papierverpackungen einkaufen.

Bei Schokolade hingegen wird das auch im Supermarkt immer leichter. Viel Schokolade ist zwar noch in Plastikfolien eingepackt, aber immer mehr Hersteller stellen auf Papier oder recycelbare Verpackungen um. Wenn Sie Süßigkeiten im Unverpackt-Laden kaufen, können Sie dort mit Ihren eigenen Dosen oder Gefäßen hingehen und nehmen sich die Süßigkeiten aus großen Gläsern, je nachdem, wie viele Sie möchten. Da Sie hier selbst die Menge bestimmen können, ist auch die Gefahr nicht so groß, dass die Schokolade nach einiger Zeit schlechter schmeckt oder die Gummibärchen mittlerweile eine interessante Konsistenz haben.

Auch bei süßen Brotaufstrichen gibt es bei so gut wie allen Produkten, die in Plastik sind, Alternativen in Glas oder Papier, auf die Sie ohne Probleme umstellen können.

Bei vielen Produkten, und sicherlich sehr verbreitet in Süßigkeiten, kommt die Verwendung von Palmöl zum Einsatz. Genauer gesagt, kommt bei der Hälfte der Supermarktprodukte Palmöl zum Einsatz. Damit sind nicht nur Lebensmittel gemeint, sondern zum Beispiel auch Kosmetik-Produkte, Reinigungsmittel oder Kerzen. Allerdings fließt das meiste importierte Palmöl, 56

Prozent, in den Diesel-Kraftstoff. Palmöl wird aus den Früchten der Ölpalme gewonnen. Die Pflanzen wachsen in Tropenregionen und werden zurzeit vor allem mit 85 Prozent in Indonesien und Malaysia angebaut. Palmöl ist für die Umwelt sehr schlecht, da die Hersteller von Palmöl oft und viele Regenwälder roden, um mehr Anbaugebiete zu erschaffen. Falls Sie sich nun fragen, wieso Regenwälder so wichtig sind: Sie haben einen großen Einfluss auf das Klima in den Tropen, aber auch auf das globale Klima. Die Pflanzen und Bäume im Regenwald binden große Mengen an Kohlenstoff, indem sie CO_2 aus der Luft aufnehmen.

Kohlenstoffdioxid besteht zum einen aus Kohlenstoff und zum anderen aus Sauerstoff. Den Kohlenstoff brauchen die Pflanzen selbst zum eigenen Wachstum und der Sauerstoff wird für uns Menschen freigesetzt. Ein interessanter Nebeneffekt ist auch, dass einige Regenwälder ebenso einen sehr großen Wasserspeicher haben. Dadurch schützen Sie sich selbst vor Dürrekatastrophen, indem sie durch den Wasserkreislauf Regenmassen hervorbringen. Diese Möglichkeiten fallen durch das Abholzen des Regenwalds immer mehr weg. Ölpalmen sind nach Recherchen der Hauptgrund, wieso Regenwald abgeholzt werden muss, da dort der Platz für die Pflanzen gebraucht wird, denn sowohl der

Regenwald als auch die Ölpflanzen brauchen das tropische Klima, um zu wachsen.

Durch den Anbau von Ölpflanzen und die Rodung des Regenwalds werden auch die Lebensräume vieler bedrohter Tierarten zerstört, da auch für den Anbau große Mengen an Dünger und Insektenvernichtungsmitteln verwendet werden. Dadurch wird der Boden massiv geschädigt, sodass die Ölpflanzen nach der ab Rodung meistens nur für eine Ernte gut genug sind und anschließend keine Ölpalmen mehr angebaut werden können. Auch eine Regenerierung, um wieder als Regenwald zu dienen, ist nicht möglich, da die Flächen zu sehr beschädigt wurden. Obwohl das Abholzen der Regenwälder aus vielerlei Gründen nicht vorteilhaft ist, steigt die Nachfrage an Palmöl stetig um erschreckende Höhen. 2003 wurden weltweit noch 27,76 Millionen Tonnen Palmöl produziert, hingegen hat sich die Menge bis 2020 auf 74,49 Millionen Tonnen erhöht. Daher ist es umso wichtiger, darauf zu achten, keine Produkte zu kaufen, in denen Palmöl verwendet wird. Die damit verbundene Abholzung des Regenwalds ist für unser Klima sehr schlecht und sollte durch den Kauf von Produkten, die Palmöl beinhalten, nicht unterstützt werden. Lesen Sie sich also immer wieder durch, ob in Ihren Produkten Palmöl verwendet wird.

Gerade bei Süßigkeiten und süßen Brotaufstrichen ist das oft der Fall.

Hier sind nun sicherlich nicht alle Bereiche Ihres Einkaufens erwähnt, aber es ist erst einmal ein Anfang. Überlegen Sie sich doch einmal selbst, welche Aspekte Sie in nächster Zeit gern umsetzen wollen. Versuchen Sie auch immer wieder, selbst darauf zu achten, in wie viel Plastik manche Produkte eingepackt sind und ob es nötig ist, die Artikel mit viel Plastik zu kaufen. Gehen Sie bewusst einkaufen und werfen Sie nicht einfach alles unbedacht in den Einkaufwagen, was auf Ihrer Liste steht. Fragen Sie sich immer wieder, ob Sie die Produkte wirklich brauchen und auch nutzen oder ob diese möglicherweise sowieso eher ablaufen und Sie diese dann unverbraucht entsorgen.

WIE UND WAS KOCHEN WIR NACHHALTIGER?

In jedem Haushalt gibt es sicherlich das eine oder andere Gericht, das regelmäßig auf dem Speiseplan steht. Entweder, weil es leicht ist, Nudeln zu kochen, oder weil die Kinder Reis einfach am liebsten und ohne zu meckern essen. Es mag viele Gründe geben, aber worüber wir bei einem klimafreundlichen Lebensstil immer mal wieder nachdenken sollten, ist die Frage: Sind die Produkte auch saisonal und regional? Zwar schmeckt ein Erdbeerkuchen auch im Winter sehr gut, aber in dieser Jahreszeit wachsen in Deutschland zumindest keine Erdbeeren, daher ist es nicht sehr nachhaltig, im Winter Erdbeeren zu kaufen, die extra aus warmen Regionen der Welt nach Deutschland geliefert werden. Gerade für Obst und Gemüse gibt es oft Saisons, zu denen wir vieles in Deutschland ernten oder zumindest von regionalen Landwirten kaufen können.

Beim Kochen ist es sehr wichtig, darauf zu achten, woher die Produkte kommen und ob gerade wirklich die Saison ist oder ob wir besser auf ein anderes Gericht umschwenken sollten. Außerdem ist bei einem nachhaltigeren Lebensstil sehr hilfreich, die Woche im Voraus zu planen und nicht für jedes Gericht einzeln einzukaufen, denn dabei ist der Drang, Dinge zu kaufen, die unnötig sind, immer größer. Wenn Sie sich vornehmen, einmal in der Woche einzukaufen, ist dieser Einkauf viel bewusster. Zusätzlich greifen Sie dann sicherlich nicht so oft zum Telefon, um den Lieferdienst anzurufen, sondern kochen öfter selbst. Auch dieser Aspekt ist bei nachhaltigem Leben wichtig: viel selbst zu kochen.

Es ist nichts dagegen einzuwenden, gelegentlich in Restaurants zu essen oder etwas zu bestellen, nur ist dabei die Häufigkeit entscheidend. Sicherlich hat es auch Vorteile, bedient zu werden, mal nach einem anstrengenden Arbeitstag nicht noch lange in der Küche zu stehen, auch das ist ein wichtiger Aspekt und sollte sicherlich nicht weggelassen werden. Wenn Sie sich allerdings jede Woche eine Pizza bestellen, da Sie keine Energie mehr zum Kochen haben oder gerade keine Lust, ist es sinnvoll, darüber nachzudenken, ob Sie etwas an Ihrem Kochverhalten ändern sollten. Es gibt auch sehr viele Gerichte, die nicht kompliziert sind oder auch für mehrere Tage zu kochen gehen, ohne an dem einem Tag, an dem Sie kochen, einen enormen Mehraufwand zu haben. Wenn Sie selbst kochen, wissen Sie auch immer sehr genau, welche Zutaten in der Lasagne oder den Knödeln sind, was bei Lieferdiensten sicherlich nicht immer der Fall ist.

Ein weiterer Vorteil daran, sich die Woche vorher zu planen und nicht täglich einkaufen zu gehen, ist auch die Vermeidung von Essensresten. Planen Sie das Essen für die Woche und wenn Sie merken, dass Sie zu viele Reste haben, gibt es an einem Tag „Reste-Essen". Hierfür eignen sich auch oftmals Suppen oder Eintöpfe sehr gut, um alles Übriggebliebene mehrerer verschiedener Mahlzeiten zu verwerten. Versuchen Sie, immer darauf zu achten, nichts wegzuschmeißen, alles aufzuessen oder zu verwerten. Dabei ist es auch wichtig, immer wieder einen Blick in den Kühlschrank zu riskieren und auf die Haltbarkeitsdaten zu schauen. Hier ist die Anmerkung noch ganz angebracht: „Mindestens haltbar bis" heißt nicht, an diesem Tag läuft das Essen ab und ist ungenießbar. Bis zu dem Tag garantiert der Hersteller für die Haltbarkeit des Produkts, aber die meisten Lebensmittel sind auch nach diesem Tag noch gut verzehrbar. Also bedeutet dieses Datum nicht, dass Sie das Essen an dem Tag direkt wegschmeißen sollen, nur immer wieder riechen und probieren sollten, ob die Lebensmittel noch zum Verzehr geeignet sind. Hierbei haben Sie sicherlich das richtige Gefühl, denn Lebensmittel kann man oft noch viel länger essen, als wir denken.

Ein weiterer Aspekt beim nachhaltigeren Kochen ist der **Gebrauch Ihrer Geräte**. Hierbei ist es selbstverständlich effizienter und umweltfreundlicher, je besser Ihre Geräte sind, da diese umso weniger Strom verbrauchen. Dieses Problem lässt sich nicht von jetzt auf gleich ändern und es ist auch alles andere als sinnvoll, aus dem Grund neue Elektrogeräte zu kaufen. Allerdings können Sie auch an dieser Stelle sparen. Wenn

Sie kochendes Wasser zum Kochen brauchen, ist die Verwendung eines Wasserkochers viel umweltfreundlicher, als einen Topf auf dem Herd stehen zu haben und zu warten, bis das Wasser kocht. Hierbei kommt es aber auch auf den Hersteller und die Effizienz Ihrer Geräte an. Im Durchschnitt verbraucht ein Herd zum Aufkochen eines Liters Wasser 0,178 kWh. Ein Wasserkocher benötigte hingegen für dieselbe Menge Wasser bei gleicher Ausgangstemperatur eine Strommenge von lediglich 0,106 kWh. Die Differenz ist zwar nicht enorm, aber macht auf das Jahr gerechnet schon einen Unterschied. Gehen wir davon aus, Sie benötigen im Jahr beim Kochen 200-mal je einen Liter kochendes Wasser. Wenn Sie dieses auf dem Herd bei einem Durchschnittsverbrauch von den bereits genannten 0,178 kWh zum Kochen bringen, verbrauchen Sie insgesamt 35,6 kWh. Bei dem Wasserkocher und dem Wert von 0,106 kWh pro Liter sind es hingegen nur 21,2 kWh für 200 Liter kochendes Wasser.

Strom beim Kochen zu sparen, geht auch sehr gut, indem Sie **immer** einen Deckel auf die Pfanne oder den Topf stellen, da dadurch nicht so viel Hitze verschwindet, sondern in dem Topf bleibt. Wenn das Essen gut köchelt, können Sie die Platten auch um ein bis zwei Stufen herunterdrehen, um Strom zu sparen.

Außerdem sollten Sie darauf achten, die Herdplatte immer so auszuwählen, dass die Pfanne oder der Topf genau darauf Platz hat und somit keine unnötige Wärme entweicht oder der Topf nicht komplett heiß werden kann und das Kochen dadurch länger braucht.

Außerdem ist es nicht notwendig, beim **Benutzen des Backofens** diesen vorher schon lange vorzuheizen. Sicherlich geht das Backen an vielen Stellen dadurch schneller, aber diese Zeit rechnet sich keinesfalls mit dem Energieverbrauch, wenn Sie den Backofen 20 Minuten vor Gebrauch anmachen und nicht nutzen. Hier sparen Sie Strom, somit Geld und verbessern auch dadurch das Klima. An dieser Stelle ist zu betonen, dass es mehr als unnötig ist, den Ofen vorher anzumachen. Die Zeit, welche Sie dadurch sparen, ist nicht erwähnenswert, und Sie können auch hinterher die Zeit nutzen, um zum Beispiel abzuwaschen. Fragen Sie sich selbst: Wieso mache ich den Backofen schon vor dem Gebrauch an?

Auch in dem Bereich, wie Sie nachhaltiges Kochen umsetzen können, war das nur ein kleiner Einblick. Nehmen Sie sich für die nächste Zeit immer mal wieder neue Aspekte vor und fragen Sie sich immer mal wieder, wie es gerade gelungen ist, Ihr Vorhaben umzusetzen.

UNSER PLASTIKVERBRAUCH IM BADEZIMMER

Schauen wir uns im Badezimmer um, stellen wir schnell fest: Hier gibt es viele Produkte, die schnell verbraucht oder abgenutzt sind und von denen unser Verschleiß somit sehr hoch ist. Grundsätzlich lässt sich sagen, dass viele der hier vorgeschlagenen Alternativprodukte in Drogeriemärkten oder im Supermarkt erhältlich sind. Auch der Blick in einen Unverpacktladen oder Bioläden lohnt sich allerdings, denn diese sind je nach Produkt nicht einmal viel teurer und oft auch komplett unverpackt. Unverpacktläden gibt es mindestens in jeder mittelgroßen Stadt, möglicherweise sogar öfter als einmal.

Nun fangen wir im Badezimmer bei dem Toilettenpapier an, von dem jeder täglich Gebrauch macht. Im gesamten Leben verbraucht ein Mensch durchschnittlich 3.651 Rollen Toilettenpapier, jährlich entspricht das 15 Kilogramm, was wiederum 46 Rollen sind. Gehen wir davon aus, dass acht Rollen in einer Verpackung sind, so braucht jeder Mensch jährlich fast sechs Packungen Toilettenpapier und immer eingepackt in Plastik. Mittlerweile gibt es viele Hersteller, die besonders nachhaltig durch eine besonders dünne

Verpackung sind, welche zusätzlich aus einem hohen Anteil recycelten Plastiks besteht. Bei dem Kauf einer solchen Verpackung tragen Sie somit bereits einen Teil zur Plastikreduzierung bei, denn jeder braucht Toilettenpapier und kaum einer wird darauf verzichten. Ein weiterer Tipp lässt sich hier sehr gut anschließen: Die Verpackung muss anschließend nicht weggeschmissen werden, sondern kann weiterhin genutzt werden. Zum Beispiel für dreckigen Plastikmüll, somit benötigt man zusätzlich keinen Gelben Sack für den Müll, wenn sowieso eine Gelbe Tonne vorhanden ist, oder für den Badezimmermülleimer. Somit wird auch im Badezimmer kein weiterer Müllsack für den Restmüll benötigt.

Auch bei Q-tips gibt es mittlerweile viele Verpackungen, die aus einem hohen Anteil recycelten Plastiks bestehen und nicht in einer dicken Schachtel aus Plastik sind. Da es Q-tips ab dem Sommer 2021 laut einem Gesetz der Bundesregierung in Deutschland nur noch ohne Plastik zu kaufen geben soll bzw. die Herstellung mit Plastik nicht mehr erlaubt wird, ist dieser Tipp an der Stelle nicht mehr notwendig. Allerdings sollten Sie sich fragen, ob Sie Q-tips wirklich brauchen. Viele Ärzte und Ratgeber sagen immer häufiger, dass diese Stäbchen nicht gut für unsere Ohren sind und anstelle derer ein Besuch beim Ohrenarzt viel ratsamer ist. Wenn Sie keine Q-tips kaufen, werden auch immer weniger hergestellt – nur ein Gedanke, damit Sie in Ruhe darüber nachdenken können.

Weiter geht es im Badezimmer mit dem Shampoo und Duschgel. Davon verbraucht jeder von uns teilweise täglich eine große Menge und sowohl Shampoo als auch Duschgel stehen im Badezimmer meistens in einer großen Plastikverpackung. Die können ganz einfach gegen festes Stück-Shampoo und Duschgel ersetzt werden. So groß wie Handseife und nur in einer Pappverpackung verpackt, findet man diese mittlerweile in vielen Drogeriemärkten von diversen Marken und plastikfreies Duschen ist einfach und unkompliziert möglich. Je nachdem, von welcher Marke Sie sich Ihr Shampoo ansonsten kaufen, ist Stück-Shampoo nicht viel teurer. Aber auch hier gilt es, die Preise der unterschiedlichen Marken zu vergleichen.

Begeben wir uns nun weiter zum Waschbecken: Täglich nehmen wir unsere Zahnbürste aus einem Zahnputzbecher in die Hand und streichen Zahnpasta darauf, um uns anschließend die Zähne zu putzen. Hier lässt sich an drei Stellen Plastik sparen: Zum einen gibt es Zahnbürsten aus Holz, womit sich die Plastikzahnbürste sehr gut ersetzen lässt, außerdem können auch Zahnputzbecher aus Holz, Keramik oder ähnlichem

Material verwendet werden. Am meisten verbrauchen wir wahrscheinlich von unserer Zahnpasta, von der eine Plastikverpackung kaum wegzudenken ist. Zahnpasta lässt sich entweder durch Zahnpulver, Zahnputztabletten oder Zahnpasta aus ökologisch abbaubaren Verpackungen ersetzen. Auch diese Produkte sind in Drogeriemärkten oder Unverpacktläden erhältlich. Zahnpasta lässt sich wie gewohnt anwenden. Zahntabletten nimmt man in den Mund, zerkaut diese dann, bis eine cremige Konsistenz entsteht, und kann anschließend seine Zähne putzen, indem man die Zahnbürste im Voraus allerdings am besten mit Wasser abgespült hat. Wenn Sie Zahnpulver nutzen wollen, gehen Sie dafür mit der bereits nassen Zahnbürste durch das Gefäß mit dem Pulver, damit dieses an der Zahnbürste kleben bleibt, und können sich dann Ihre Zähne putzen. Somit wäre auch bei der täglichen Zahnhygiene wieder Plastik gespart und unser ökologischer Fußabdruck reduziert sich immer weiter durch kleinste Umstellungen, welche wir dafür in unserem Alltag umsetzen müssen.

Zwar nicht täglich, aber immer wieder brauchen Sie sicherlich Zahnseide oder ähnliche Produkte. Auch die sind in Geschäften des täglichen Bedarfs aus Naturfasern erhältlich und Interdentalbürsten gibt es ebenso mit Holzstielen. Auch, wenn diese Anwendung nicht so häufig wie beim Beispiel der Zahnpasta erfolgt, lässt sich der Plastikmüll ohne große Probleme sparen. Mehrmals am Tag nutzen wir auch Seife, um uns die Hände zu waschen. Diese muss auch nicht immer aus einem Seifenspender kommen, auch Stückseife ist nur in dünnem Papier oder teilweise gar nicht eingepackt und reinigt unsere Hände. Anstatt immer wieder einen neuen Seifenspender aus Plastik zu kaufen oder eine Auffüllpackung aus Plastik, lässt sich hier ganz einfach ohne Mehraufwand und höhere Kosten auf Stückseife umstellen. Auch auf Einweg-Rasierer lässt sich sehr gut verzichten, indem Sie sich beispielsweise einen Rasierhobel kaufen oder auch einen elektrischen Rasierer. Je nachdem, wie oft Sie einen Rasierer benötigen, kann man hiermit auch eine große Menge Plastikmüll sparen. Zum Beispiel bei einem Rasierhobel benötigt man immer mal wieder neue Rasierklingen, welche in ganz dünnem Papier eingepackt sind und ansonsten keinen weiteren Müll produzieren. Der Hobel an sich ist sehr langlebig und muss nicht immer wieder ausgetauscht werden.

Nun zu Produkten, die nicht alle Menschen der Bevölkerung betreffen: **Schminke und Utensilien für die Menstruation.** Auch hier gibt es viele

Alternativen, die längst nicht so viel Plastik, wie beispielsweise Tampons, haben. Wenn Sie sich überlegen, wie viele Tampons, Binden oder Einlagen Sie im Monat und anschließend auf das Jahr gerechnet verbrauchen, kommt dabei sicherlich eine ordentliche Menge zusammen. Versuchen Sie es doch mal mit einer Menstruationstasse. Kling zuerst möglicherweise komisch und ist am Anfang auch nicht unbedingt ganz einfach, aber nach einiger Zeit funktioniert es sehr gut.

Durch diese Umstellung sparen Sie monatlich nicht nur den Einkauf und Plastik, sondern auch eine Menge Geld. Die Menstruationstassen sind je nach Hersteller zwischen fünf und zehn Jahren nutzbar. Schminke gibt es in Abteilungen mit Naturkosmetik zum einen oft in Metall statt Plastik und zum anderen auf ökologische Art und Weise hergestellt. Oftmals sind die Produkte nicht teurer als von bekannten Marken. Auch hier lohnt es sich, Zeit im Drogeriemarkt zu verbringen, um sich ausführlich umzugucken, was Ihnen am besten gefällt und zu Ihnen passt.

Auch **Badezusätze und Masken** lassen sich vielerorts in Gläsern kaufen oder auch selbst herstellen. Zum einen sparen Sie bei der eigenen Herstellung Müll und zum anderen wissen Sie auch, welche Produkte wirklich in dem Badezusatz sind. Auch der

Aspekt Geld zu sparen hat an dieser Stelle sicherlich einen Vorteil, der sich zumindest nach einiger Zeit rechnet. Achten Sie mal darauf, wie viel Gramm in welcher großen Verpackung an Plastik ist. Badezusätze im Glas sind somit meist auch viel ergiebiger, da Sie aus dem Glas alles herausbekommen und in der kleinen Verpackung immer noch Reste der Badezusätze in den Ecken zu finden sind.

Ein weiteres Produkt, welches Sie sicherlich nicht nur im Badezimmer brauchen, sondern auch an anderen Stellen Ihrer Wohnung haben, sind **Taschentücher**. Hierbei ist Ihnen sicherlich schon mal aufgefallen, dass meistens 10 Taschentücher in einer kleinen Plastikverpackung sind und auch diese Verpackung mit ungefähr 9 weiteren Verpackungen noch mal in einer großen Plastikverpackung eingepackt ist. Eine sehr Plastik-sparende Alternative zu den vielen kleinen Verpackungen sind Zupf-Taschentücher, welche sich oftmals in einer Verpackung aus Papier befinden. Hierbei können Sie aus einer großen Packung Taschentücher immer wieder Taschentücher „zupfen". Wenn Sie welche für unterwegs mitnehmen möchten, können Sie die einfach in Ihre Handtasche oder den Rucksack stecken, um immer welche dabeizuhaben.

Eine weitere Möglichkeit wären selbst genähte oder gekaufte „Stoff-Taschentuch-Verpackungen". In diese Verpackungen können Sie immer wieder Taschentücher aus der Zupfpackung falten und haben diese dabei. Das Format ähnelt dem der kleinen Taschentuch-Verpackungen aus Plastik und lässt sich somit auch problemlos in die Hosentasche oder die Jacke stecken. Mit dieser Möglichkeit lässt sich bei Taschentüchern problemlos sehr viel Plastik sparen und die Alternative ist ebenso preiswert, wie die Taschentuch-Packungen in einzelnem Plastik verpackt.

Durch die Möglichkeit, die Tücher in eine kleine Stoffverpackung zu stecken, um diese immer dabeizuhaben, müssen Sie sich auch keine Sorgen darüber machen, keine Taschentücher zu haben, wenn Sie unterwegs sind, sondern müssten immer wieder daran denken, Ihre Stoffverpackung aufzufüllen. Aber die Plastikverpackungen mit Taschentüchern müssten Sie auch immer wieder neue einstecken, wenn die Packung leer ist. Also probieren Sie die alternative Möglichkeit doch einmal aus und seien Sie gespannt, wie viel Plastik Sie mit der Umstellung sparen können.

Grundsätzlich ist es bei der Anschaffung neuer Produkte ratsam, langlebige Produkte zu kaufen, auch, wenn diese für den Moment möglicherweise teurer sind. Wenn Sie Produkte kaufen, die länger halten, müssen Sie nicht so schnell wieder neue Produkte kaufen und produzieren somit nicht so häufig Müll. Außerdem lohnt es sich grundsätzlich, immer wieder darüber nachzudenken, ob diese Produkte notwendig sind. Denn je mehr wir konsumieren, desto mehr muss hergestellt werden und umso häufiger werden umweltschädliche Materialien verwendet. Angenommen, jede Frau würde sich im Jahr höchstens eine Haarkur kaufen und diese ansonsten aus natürlichen Hausmitteln selbst herstellen, würden wir an dieser Stelle schon enorm viel an Müll sparen. Diese Idee, sich zu überlegen, ob diese Produkte wirklich notwendig sind, ist aber nicht nur im Badezimmer, sondern auch bei allen anderen Anschaffungen wichtig.

Mit diesen Maßnahmen lässt sich im Badezimmer sehr viel Plastikmüll sparen und Sie können auf einfache und preiswerte Alternativen zurückgreifen. Es gibt sicherlich noch viele weitere Produkte, bei denen wir alle einfach ohne viel Mühe auf die Plastikverpackungen oder das Produkt aus nicht nachhaltigem Material im Badezimmer verzichten können. Vielleicht schauen Sie sich einfach einmal in Ihrem Badezimmer um und fragen sich zum einen, ob Sie das Produkt wirklich brauchen oder es einfach haben und nicht genau wissen, wieso, und zum anderen, ob es für die Produkte auch noch andere Möglichkeiten gibt.

Plastik zu sparen, ist nur der Anfang

Plastik zu sparen, ist nur ein Anfang, um klimaneutraler zu leben und seinen eigenen ökologischen Fußabdruck zu reduzieren. Es gibt viele andere sogenannte Klimakiller, auf die wir Einfluss haben und bei denen es an jedem von uns liegt, etwas daran zu verändern. Jeder einzelne ist dazu fähig, mit seinem eigenen Verhalten etwas gegen den immer weiter voranschreitenden Klimawandel zu unternehmen.

Beginnen wir mit einem selbstverständlichen Tipp. Achten Sie darauf, wann Sie den **Wasserhahn** oder die Dusche aufgedreht haben und das Wasser unnötigerweise läuft. Wenn Sie sich Ihre Hände einseifen, muss der Wasserhahn nicht bequem weiterlaufen. Dies gilt ebenso für das Einseifen während des Duschens. Auch ist es sicherlich nicht nötig, jeden Tag noch Minuten weiter zu duschen, wenn Sie eigentlich schon fertig sind. Für die Dusche gibt es viele Duschköpfe, welche wassersparend sind und wodurch Ihr Wasserverbrauch, je nach Angaben bis zu 60 %, reduziert wird. Eine Möglichkeit ist dabei, dass ein hoher Anteil an Luft mit verwirbelt wird und durch die Verwirbelung in dem Duschkopf weniger Wasser benötigt wird.

Bleiben wir noch einen Moment bei Wasser. Auch ist es hierbei in der Küche sehr ratsam, wenn vorhanden, eine **Spülmaschine** zu benutzen, anstatt lange von der Hand abzuwaschen. Ein Spülmaschinenwaschgang benötigt viel weniger Wasser, als würden Sie mit der Hand abwaschen. Außerdem können Sie darauf achten, ein energiesparendes Programm auszuwählen, wenn dieses möglich ist. Außerdem ist es wichtig, darauf zu achten, die Spülmaschine nur dann anzumachen, wenn diese gefüllt ist. Wenn Sie Utensilien haben, wie beispielsweise scharfe Messer oder Holzbrettchen, die nicht in die Spülmaschine müssen, ist es hierbei ratsam, dieses zu sammeln und immer mal wieder große Mengen abzuwaschen, anstatt jeden Tag für ein paar Teile das Waschbecken komplett volllaufen zu lassen.

Auch sollten Sie darauf achten, Ihre Waschmaschine stets komplett zu füllen und ansonsten das Programm mit halber Beladung auswählen.

Grundsätzlich ist es auch sinnvoll, alle Stecker von Geräten, welche ständig angeschlossen sind, zu ziehen, wenn Sie für längere Zeit weg sind. Hierbei geht es nicht um einen langen Spaziergang am Sonntag, sondern über die Abwesenheit an mehreren Tagen. Auch, wenn Sie die Lampe und das WLAN nicht benötigen, verbrauchen diese die gesamte Zeit über **Strom**. Wenn Sie die Geräte sowieso nicht brauchen, können diese somit auch problemlos aus sein. Über Nacht ist es auch sinnvoll, darüber nachzudenken, einen vorhandenen WLAN-Router vom Strom zu trennen. Dieses ist auch umweltfreundlicher, spart Strom und sicherlich Geld. Zum anderen finden auch in der Nacht die meisten Hacker-Angriffe statt, welche selbstverständlich bei abgeschaltetem Router nicht möglich sind.

Achten Sie auch immer wieder darauf, nicht zu viel zu heizen. Drehen Sie die **Heizung** am besten auf mittlere Stufe, da die meisten Heizkörper eh so eingerichtet sind, dass Sie sich auf die Temperatur regulieren und im Verhältnis mehr Strom verbrauchen, wenn Sie den Heizkörper die gesamte Zeit auf höchster Stufe haben. Machen Sie die Heizung aus, wenn Sie nicht da sind, oder nachts, wenn Sie im Schlafzimmer liegen, muss im Badezimmer oder Arbeitszimmer keine Heizung an sein. Das verbraucht viel zu viel Strom. Auch ist es absolut wichtig, nicht die Fenster zu öffnen, wenn Sie die Heizung aufgedreht haben. Sie heizen nicht für draußen!

Ein weiterer sehr großer Bereich ist dabei der **Verkehr** und unsere Wahl des Verkehrsmittels. Zur Veranschaulichung dazu einige Zahlen des Umweltbundesamtes, um sich bewusst zu machen, wie unterschiedlich der CO_2-Ausstoß bei den verschiedenen Verkehrsmitteln ist. Im Durchschnitt sind 29 % unseres persönliches CO_2-Ausstoßes auf die Mobilität zurückzuführen, dieses entspricht etwas mehr als zwei Tonnen. Dabei ist der größte Klimakiller, welcher am meistens CO_2 verbrauch das Flugzeug.

Laut Umweltbundesamt werden beim Fliegen durchschnittlich 21,4 kg CO_2-Emission pro Person und für 100 Kilometer verbraucht. Im Vergleich dazu verbraucht ein Auto dagegen „nur" 14,3 Kilogramm und am wenigsten die Bahn mit durchschnittlich 3,5 kg. Was können Sie nun dagegen unternehmen? Ziemlich offensichtlich ist wohl der Verzicht auf das Flugzeug und in den Urlaub zum Beispiel mit dem Zug oder auch dem Auto zu fahren. Außerdem können Sie bei vielen Wegen auch das Auto stehen lassen und das Fahrrad nehmen oder zu Fuß gehen. Bei beiden Alternativen verbrauchen Sie nämlich nur das CO_2, welches Sie ausatmen.

Ein weiterer wichtiger Punkt, um klimaneutraler zu leben, ist die **eigene Herstellung** von Produkten. Dieses hat mehrere Vorteile. Zum einen können Sie bei der Herstellung von Nudeln zum Beispiel selbst entscheiden, ob die zu verwendenden Produkte aus Papier oder Plastikverpackungen kommen, und sind nicht darauf angewiesen, dass es viele Produkte fast ausschließlich in Plastik gibt. Außerdem wissen Sie, welche Produkte Sie verwendet haben, und finden nicht unerwartet interessante Zutaten auf der Liste der Inhaltsstoffe. Sie können sich also sicher sein, Produkte zu essen, von denen Sie nahezu 100 % über die Inhaltsstoffe Bescheid wissen.

Ein weiterer sehr wichtiger Aspekt ist die Regionalität. Bleiben wir hierfür bei unserem Beispiel der Nudelherstellung. Für Nudeln sind sehr wenig Zutaten nötig. Eins der leichtesten Rezepte umfasst nur drei Zutaten: Wasser, Mehl und Eier. Wasser bekommen

Sie sehr regional aus Ihrem Wasserhahn. Auch Mehl gibt es im Supermarkt oft von Firmen aus der näheren Umgebung und Eier selbstverständlich auch. Diese kann man sehr gut bei dem nächsten Bauern, im Supermarkt oder auf dem Markt kaufen und der Lieferweg dieser Eier ist mit sehr großer Wahrscheinlichkeit kürzer als der für die Herstellung der Nudeln. Außerdem müssen die Nudeln dann nicht aus einem weit entfernten Ort in Deutschland oder typischerweise Italien geliefert werden. Mit der eigenen Herstellung von Produkten kann man somit auch viel zu einem nachhaltigeren Lebensstil beitragen und weiß aus eigener Quelle, welche Produkte verwendet wurden, woher diese kommen und welche Verpackung die Grundmaterialien hatten.

Nicht nur Lebensmittel lassen sich oft sehr gut selbst herstellen. Auch Kosmetikartikel, Seife und Putzutensilien sind in der eigenen Herstellung nicht sehr kompliziert. Spülmittel lässt sich zum Beispiel durch Wasser mit Soda herstellen und funktioniert einwandfrei.

Außerdem lässt sich Backpapier sehr gut und einfach durch **Dauerbackmatten** ersetzen. Diese können Sie immer wieder verwenden und müssen Sie vorher nur ab und zu abwaschen. Anstatt Backpapier zu kaufen,

welches Sie nach ein oder zwei Nutzungen wegschmeißen, können Sie diese Backmatten immer wieder verwenden und müssen auch kein neues Backpapier kaufen und schmeißen nicht so häufig Backpapier weg.

Sie sollten auch immer mal wieder darauf achten,
wie oft und wofür Sie **Alufolie** verbrauchen. Auch
Alufolie lässt sich durch viele Alternativen und andere
Produkte ersetzen. Sie müssen Ihren Gästen keine Ku-
chenreste auf einem Papierteller mit Alufolie mitge-
ben, sondern können entweder Brotdosen ausleihen
oder sie vorher bitten, welche mitzubringen. Außerdem können Sie zur Arbeit auch Brotdosen statt Brot
in Alufolie mitnehmen.

Nehmen Sie zum **Bäcker** entweder Ihren eigenen
Jutebeutel mit oder bitten Sie darum, dass Ihnen das
Brot in einer Papiertüte und keiner Plastiktüte mitge-
ben wird. Die Papiertüten können Sie auch immer wieder verwenden, um zum Beispiel Brot einzufrieren.

Daraus resultiert ein weiterer Aspekt, welcher einen allgemeinen Tipp beinhaltet. Auch bei dem Kauf
von **Putzmittel** lässt sich einiges an Plastik sparen.
Mir ist kaum ein Mittel bekannt, welches nicht in Plastik eingepackt ist, außer Pulver für die Waschmaschine
in großen Pappverpackungen. Daher ist es hierbei
umso wichtiger, darauf zu achten, dass die

Verpackungen der Putzmittel aus recyceltem Plastik hergestellt wurden. Außerdem lohnt sich bei den Putzmitteln ein Blick auf alternative Produkte, mit denen man sehr viel reinigen kann. Zum Beispiel Soda oder Natron eignen sich in vielerlei Kombinationen für alle möglichen Produkte zum Reinigen. Sie können sich somit immer überlegen, welche Menge Sie von welchem Putzmittel zurzeit brauchen und dieses kurz vorher selbst herstellen oder im Voraus eine große Menge machen. Auch bei dem Geruch können Sie dabei immer wieder selbst wechseln und variieren.

Wie bereits an einigen Stellen immer wieder erwähnt, ist im Allgemeinen bei einem nachhaltigeren Lebensstil auch wichtig, darauf zu achten, woher die Produkte kommen. Kaufen Sie möglichst immer **regional** ein. Damit unterstützen Sie zum einen die Bauern oder Läden vor Ort und zum anderen unterstützen Sie nicht den weiten Transport von Lebensmitteln in Ihre Region. Außerdem können Sie vor Ort auch viel besser und schneller nachfragen, was in den Produkten ist, und wissen genau, woher zum Beispiel Ihre Eier kommen.

Grundsätzlich beinhaltet ein nachhaltigerer Lebensstil auch, darauf zu achten, welche **Qualität** die Produkte und Gegenstände haben, welche Sie sich neu anschaffen. Kaufen Sie sich eine günstige Kommode aus dem Sonderangebot, da die so günstig ist, oder nehmen Sie mehr Geld in die Hand und gehen in einen Massivholzladen? Je mehr Qualität hinter den Produkten steckt und auch meistens je teurer diese sind, desto länger halten die Produkte und desto seltener müssen Sie neue Dinge kaufen. Außerdem ist es bei dem Kauf von zum Beispiel einer Kommode wichtig, darauf zu achten, woher das Holz kommt und wo diese Kommode hergestellt wird. Wenn die Kommode aus der Region kommt, wird oftmals allein durch den Transport weniger CO_2 ausgestoßen, als würde diese erst aus den United States of Amerika geliefert. Hier lohnt es sich, für den Klimawandel bzw. gegen diese Produkte höhere Qualität zu kaufen. Als kleinen Nebeneffekt sparen Sie damit auch Geld und Zeit, indem Sie nicht schon nach kurzer Zeit wieder eine neue Kommode oder Ähnliches kaufen müssen.

Auch bei Neuanschaffung von **Klamotten oder Wäsche** lohnt es sich, direkt etwas mehr Geld für bessere Qualität auszugeben oder auch mal einen Blick in einen Secondhandshop zu werfen. Auch dort gibt es günstig gute Kleidung.

Wenn Sie aber regelmäßig in Einkaufsläden mit nicht herausragender Qualität einkaufen gehen, müssen Sie immer öfter einkaufen, da diese Klamotten oftmals viel schneller kaputtgehen. Außerdem unterstützen einige günstige Ketten durch ihre Produktion auch Kinderarbeit. Auch hierbei lohnt es sich, darüber nachzudenken, ob Sie das wirklich unterstützen wollen.

In Deutschland dürfen wir uns immer mal wieder bewusst werden und dankbar dafür sein, dass wir **Meinungsfreiheit** haben und somit auch selbst entscheiden dürfen, welche Partei wir wählen. Dies ist ein sehr großes Privileg und ist/war nicht immer selbstverständlich. Dieser Ratgeber soll Sie in keinerlei Art und Weise in eine Richtung drängen oder Ihnen aufzwingen, eine Partei zu wählen.

Hiermit soll lediglich betont werden, dass es immer wieder wichtig ist, sich die Parteiprogramme durchzulesen und zu überlegen, ob die Partei wirklich Ihre eigenen Wünsche und Ziele vertritt. Es gibt eine große Anzahl an Möglichkeiten, welche Partei wir wählen können und auch ob diese zum Beispiel das Thema Nachhaltigkeit mit in ihrem Wahlprogramm hat. Die wohl meisten Parteien haben dieses Thema mittlerweile aufgenommen, aber so ist es auch hierbei wichtig, sich seine persönlichen Ziele und Schwerpunkte bei diesem Thema bewusst zu machen und anschließend zu schauen, welche Partei diese Themen am meisten vertritt und auch die weiteren individuellen Schwerpunkte. Hier ist es immer wieder wichtig, auf die aktuellen Themen und Schwerpunkte zu achten und sich die aktuellen Nachrichten anzusehen, um weiterhin im Bilde zu sein und auch seine eigene Meinung weiterzuentwickeln. Auch, wenn Sie bei Ihrer bisherigen Partei bleiben, ist es wichtig zu wissen, wieso Sie diese wählen und ein wohl ziemlich schlechter Grund dafür ist: Meine Eltern haben diese Partei auch schon gewählt.

Nehmen Sie die Herausforderung an, entscheiden Sie selbst. Sie dürfen und können frei entscheiden. Nutzen Sie diese Gelegenheit und Chance, um auch in der Politik durch die Einbringung Ihrer eigenen Meinung etwas zu bewirken. Wenn jeder denkt, er wählt die Partei aus Familientradition, sich die Ziele der Partei aber möglicherweise längst geändert haben und keiner so richtig dahinterstecht, ist auch kaum einem in Deutschland damit wirklich groß geholfen. Überlegen Sie selbst, nehmen Sie sich Zeit und denken Sie auch darüber nach. Auch dieses Thema ist im Zusammenhang mit nachhaltigerem Leben und Umweltbewusstsein nicht zu vernachlässigen. Sie dürfen und sollen in

Deutschland frei entscheiden und Ihre eigene Meinung sagen, bringen Sie sich ein!

Ein weiterer Tipp ist der Verzicht auf die üblichen **Strohhalme**. Da die Bundesregierung in Deutschland die Herstellung von Strohhalmen aus Plastik ab dem Sommer 2021 untersagt, ist dieser Tipp an dieser Stelle nicht mehr sehr lange relevant, aber verzichten Sie auf Strohhalme aus Plastik. Eine Alternative zu den Strohhalmen sind die aus Papier, welche sich auch prima nutzen lassen. Auch eine passende Alternative sind Makkaroni als Strohhalm. Die sind oftmals eh im Haushalt vorhanden und müssen nicht extra angeschafft werden. Außerdem verursachen diese keinen Plastik- oder Papiermüll. Allerdings gibt es noch eine Möglichkeit, die wohl am wenigstens Müll verursacht und auch am preiswertesten ist: Trinkrohre. Diese sind aus Metall hergestellt und lassen sich per Hand oder in der Spülmaschine leicht abwaschen, um somit immer wiederverwendet zu werden. Außerdem sparen Sie bei diesen Produkten, je nachdem, wie hoch Ihr Verbrauch von Strohhalmen ist, Geld. Durch die Wiederverwendung müssen Sie, wenn einige vorhanden sind, nicht so schnell neue Strohhalme kaufen. Somit lässt sich auch an dieser Stelle durch mehrere Alternativen bei dem Kauf von Strohhalmen Plastik sparen.

Außerdem sollen ab Sommer 2021 weitere Produkte von der Bundesregierung in Deutschland verboten werden, welche sich auch ab jetzt schon einfach durch Alternativen ersetzen lassen. Verbotene Produkte werden ab dem Zeitpunkt Wattestäbchen, Besteck aus Plastik, Teller aus Plastik, Strohhalme, Getränkebecher aus Kunststoff und Lebensmittelbehälter aus Styropor sowie Stäbchen für Luftballons und zum Rühren sein. Die Alternativen zu Wattestäbchen wurden bereits erwähnt, genauso wie die alternativen Angebote zu Strohhalmen. Besteck, Getränkebecher und Teller aus Plastik lassen sich sehr leicht durch das Alternativprodukt mit Papier ersetzen. Auch, wenn Sie zum Beispiel einen Becher bei der Eisdiele anstelle einer Waffel nehmen, können Sie sich angewöhnen, stets einen eigenen Löffel von zu Hause dabei zu haben, somit wird auch ein alternatives Produkt verwendet und Sie können Ihren eigenen Löffel zu Hause wieder problemlos abwaschen. Somit lässt sich auch an diesen Stellen wieder Müll sparen, denn wenn die Produkte verboten werden, sind Sie und ich kurz- oder langfristig auf andere Produkte angewiesen.

Achten Sie immer wieder darauf, aus welchem Material die Produkte sind, die Sie gerade kaufen wollen und auch ob Sie diese wirklich brauchen oder die

nur für den kurzen Moment des Kaufens gut und prak-
tisch sind, aber eigentlich eh nur in der Ecke herumlie-
gen.

Last but not least

Nun haben Sie hier eine Reihe hoffentlich nützlicher Tipps und Anregungen für ein klimaneutraleren Lebensstil und einen Beitrag zur Plastikreduzierung erhalten. Viele Bereiche wurden auch nur kurz angerissen und nicht ausführlicher erklärt und manche Bereiche auch gar nicht erwähnt, aber für den Anfang sind hier die wichtigsten Anregungen dabei. Sicherlich ist es schwierig, all diese Tipps direkt umzusetzen, daher am Ende noch etwas ganz Entscheidendes:

Machen Sie sich eine Liste mit Anregungen, welche Sie zuerst umsetzen möchten, und arbeiten Sie diese Liste immer weiter ab. Notieren Sie sich zum

Beispiel unterschiedliche Kalenderwochen vor alle Anregungen, die Sie in den Wochen nacheinander umsetzen wollen. So haben Sie klare Ziele vor Augen, welche
Dinge als Nächstes dran sind, und Sie können diese
Liste immer weiter abarbeiten. Zwischendurch tut es
auch immer wieder gut, sich auf einem anderen Zettel
aufzuschreiben, welche Sachen Sie schon alle umgesetzt haben. So erleben Sie ein Erfolgserlebnis und werden sich diesem immer wieder durch die erneute Ver-
schriftlichung bewusst.

Noch ein weiterer sehr wichtiger Aspekt beim um-
weltbewussteren Leben ist, sich auch immer weiterzuentwickeln und aufmerksam zu sein, wenn neue Produkte angeboten werden. Verlieren Sie sich niemals in
den Dingen, die Sie umgesetzt haben, und denken, damit sei es nun getan. Das Leben verändert und entwi-
ckelt sich und somit auch die Optionen, welche Maßnahmen wir alle unternehmen können. Vergessen Sie
das nie und informieren Sie sich immer weiter und
schließen Sie nicht die Augen vor weiteren Maßnahmen. Nehmen Sie aber auch immer wieder bewusst
Ihre persönlichen Fortschritte wahr und entdecken Sie
in der Veränderung neue Lebensqualität und die wun-
derbaren Seiten dieser Veränderung und Besserung
des Klimas, zu dem Sie etwas mit beitragen.

Sie und ich, wir alle sind ein Teil der Welt, ein Teil des Klimas und können auch einen Teil zur Verbesserung beitragen, damit unser Leben auf dieser Erde auch weiterhin für uns und allen anderen lebenswert und nicht gefährlich bleibt.

Viel Spaß und Erfolg bei der Veränderung, dem Dazulernen und Neu-Ausprobieren Ihrer eigenen Fähigkeiten und Möglichkeiten.

Herstellung und Verlag:
BoD – Books on Demand, Norderstedt
ISBN: 9783754325278

1. Auflage
Kontakt: Psiana eCom UG/ Berumer Str. 44/ 26844 Jemgum
Covergestaltung: Fenna Larsson
Coverfoto: depositphotos.com